내가 제일
사랑하는 그녀

내가 제일 사랑하는 그녀

초판 1쇄 인쇄_ 2024년 12월 02일
초판 1쇄 발행_ 2024년 12월 20일

신고번호_ 제313-2010-376호
등록번호_ 105-91-58839

발행처_ 보민출판사
발행인_ 김국환
편집_ 정은희
지은이_ 이희경
디자인_ 다인디자인

주소_ 경기도 파주시 해올로 11, 우미린 더 퍼스트 상가 2동 109호
전화_ 070-8615-7449
이메일_ www.bominbook.com

값은 뒤표지에 있습니다.
ISBN 979-11-89796-07-5   03800

- 가격은 뒤표지에 있으며, 파본은 구입하신 서점에서 교환해드립니다.
- 이 책은 저작권법에 의하여 보호를 받는 저작물이므로 무단 전재와 복사를 금합니다.

내가 제일 사랑하는 그녀

이희경 시집

내가 너를 사랑하고
네가 나를 사랑하고
너도 나도 사랑하면
우리들 사랑하게 될 것이다

서시

먼 훗날의 추억은 아마도
정신과 입원의 연속일 것이다

그렇게 아파야 하는지 이렇게 힘들어
야 했는지
먼 훗날의 추억을 글로 쓰고 싶다

아픔의 모습, 가슴앓이 하는 사람, 술
독에 빠진 분,
신체적으로 불편하신 분 등
여러 모습을 글로 표현하고 싶다

하느님은 나에게 '빈첸시오'라는 세례명을 주셨다
세례명에 맞게 아픈 이에게 도움을 주고 싶다

우리는 나도 아니고 너도 아니고
우리라는 울타리 속에 살고 있다

내가 너를 사랑하고 네가 나를 사랑하고
너도 나도 사랑하면 우리를 사랑하게 될 것이다

먼 훗날의 추억은 우리 모두 함께
행복한 삶을 꾸려가는 것이다

목 차

서시 ·· 4

제1부 먼 훗날 그대를 위해서

아버지 ·· 13
가려진 터널처럼 ································· 15
사랑 ·· 16
삶 ·· 17
소망 ·· 18
무척 사랑합니다 ································· 19
명신이 ··· 21
먼 훗날 그대를 위해서 ······················ 23
사랑하라, 한 번도 상처받지 않은 것처럼 ······· 25
들풀 ·· 26
순수 ·· 27

제2부 하늘의 빛이 구름 되어

하나뿐인 삶 — 31
눈물이 비석 되어 — 33
어머님 — 34
목이 길어서 슬픈 짐승 — 35
세례를 위한 글 — 37
우정 — 39
독방 — 40
마음의 병 — 41
하늘의 빛이 구름 되어 — 43
정신병동 — 44
경희 누나 — 46

제3부 세상에 뿌려진 사랑만큼

첫사랑 — 51
여름 — 52
열정 — 53
어머니 사랑 — 54
세상에 뿌려진 사랑만큼 — 55
그녀의 웃음소리 — 57
마지막 사랑 — 58
프러포즈 — 59
하늘과 땅에는 — 61

첫 키스 ——— 62
불장난 ——— 63

제4부 아버지 죄송합니다

미소 ——— 67
꽃잎 ——— 69
그대 그리고 나 ——— 70
사랑 뒤편 ——— 71
낙오자 ——— 72
당신 ——— 73
수호천사 ——— 75
아버지 죄송합니다 ——— 77
여인 ——— 78
눈물 ——— 79
이별 ——— 81
세상살이 ——— 83

제5부 내가 제일 사랑하는 그녀

당신의 미소 ——— 87
내가 제일 사랑하는 그녀 ——— 88
기도와 사랑 ——— 89
그녀와의 이별 ——— 90
영혼 ——— 92

주님 ·· 93
눈꽃 ·· 95
바람처럼 사라진 그녀 ················· 96
자기 연민 ································· 97
알콜중독자 ······························· 98
꿈 ·· 100
사랑과 이별 ···························· 101

제6부 행복 바이러스

부메랑 ····································· 105
행복 바이러스 ·························· 106
친구야 ····································· 107
거짓말 ····································· 108
의심 ·· 109
외톨이 ····································· 110
사랑하는 마음 ·························· 111
흑기사 ····································· 113
쌍둥이 ····································· 115

제1부

먼 훗날
그대를 위해서

아버지

아버지 나를 낳아 놓으시고
어디 가셨는지…

이 어려운 세상에 홀로
살게 하시고 어디 가셨는지

아버지는 앞에서는 울지 않았지만
뒤에서는 얼마나 울었는지

아버지 아파요
저의 마음이 어딘지
모르게 아파오네요

아버지를 찾으려면
천국에 가야 하는지

지옥에 가야 하는지

아버지 계신 곳에

가서 그곳에서는

제가 아버지가 되어 모시겠습니다

가려진 터널처럼

감추고 싶은 마음은

가려진 터널처럼

자폐 속에 빠진다

우리는 서로서로 손잡고

마음을 주고받는다면

행복한 사회가 될 것이다

가려진 터널 속으로 속으로

빠지면 더욱 더욱 더 자신의

마음을 감추게 된다

서로서로 아끼고 사랑하면

사회는 더 살 만한 곳이라고 느낀다

사랑

사랑해주신다고 말해주세요

저는 님의 사랑을 받고 싶습니다

사랑해주시면 저는 어쩔 수 없이

님만을 사랑할 것을 다짐합니다

제가 무척이나 당신을 사랑합니다

님은 그저 저의 사랑만 받으시면 됩니다

님이 저를 제가 님을 사랑하는

하늘나라에서 온 인연입니다

그때시 끊어지지 않습니다

제발 사랑해주세요

사랑 받으세요

삶

삶을 어떻게 살고 계신지요?
아무런 꿈이 없이 하루하루를
보내고 계시는지요

누구나 삶을 아름답고 즐겁게 살고 싶죠
하루하루를 열심히 살다보면 내일이 보이겠죠

이곳은 정신병동입니다
공간적 규제, 시간적 규제를 받고 있죠

정말 하루가 지겹죠
그래도 술에 찌든 몸은 회복되고
조증이 정상적으로 돌아왔습니다

그래도 정말 하루가 지겹죠

소망

저에게 소망이 있다면
정상적인 삶입니다
조울증에 알콜중독입니다

어느 때에는 비정상적인
삶을 유지합니다
그러면 너무 속상합니다

저에게 소망이 주어진다면
아름다운 삶을 영위하면서
가정을 이루고 살고 싶습니다

예쁜 소망 아름다운 희망이
가득하면서 살고 싶습니다

무척 사랑합니다

당신을 처음 보자
저는 첫사랑에 빠졌습니다
당신은 제가 원하던 모든 것을
가지고 있습니다

당신을 무척 사랑합니다
저의 목숨이 있는 한
당신만을 사랑할 것입니다

당신을 만나기 전에 저는
여자의 사랑을 몰랐습니다
당신을 만나서 몰랐던 여자를
알게 됐습니다

무척 사랑합니다

당신을 만나서 저는

사랑에 빠졌고 그 사랑에서

나오기 싫습니다

명신이

떠나가면 너의 기억

마저 전부 가져가야지

나에게는 아직도 너의

기억이 남아 마음이 저려온다

네가 했던 모습과 말이

나의 뇌리를 스쳐간다

예쁜 너의 모습과 말이

아직도 나를 슬프게 한다

명신아! 너를 아직도 잊지 못하는

나를 조금이라도 기억해줘

그리고 병원에 나가면

한 번만이라도 보자

예쁜 모습으로 새로운 모양으로

만나자

먼 훗날 그대를 위해서

하루하루가 지나면 먼 훗날도 오겠지요
당신은 오늘 하루를 어떻게 보내는지요
하루가 지나고 내일 지나면 모레가 되지요
하루를 잘 살면 내일도 잘 살 수 있습니다

그렇게 쌓이다 보면 먼 훗날 그대를 위해서
나는 열심히 살아왔다고 할 수 있습니다
먼 훗날 그대를 위해서 아니 나를 위해서 살아온
것이 먼 훗날의 내 모습입니다

훌륭합니다. 장합니다. 열심히 살아왔습니다
그런 말을 듣고 싶어요

제 자신은 지금은 그렇게 살지 못해요
이렇게 저렇게 하루하루를 아주 실없이

하루 보내죠

오늘도 하루를 그냥 보내죠
정신과 입원은 아주 조금씩 상태가 호전됐죠

사랑하라, 한 번도 상처받지 않은 것처럼

사랑하십시오

사랑해서 상처를 받는다 해도 사랑하십시오

상처 받지 않으려고 사랑을 하지 않는 것은

바보들이 하는 일입니다

사랑은 부서지고 깨지고 으깨져야 합니다

그래서 사랑의 실체를 봐야 합니다

왜 이렇게 바보 같았는지

저는 알게 됩니다

이슬을 사랑하고 이슬과 함께 죽음을 약속했죠

참사랑입니다

들풀

아늑한 산기슭에 들풀이 있습니다
들풀을 보아주는 나그네조차도 없습니다
들풀은 슬퍼서 죽고 싶을 지경입니다

들풀에 꽃이 피기 시작했습니다
너무도 아름답고 아늑한 향이 은은히
멀리까지 갔죠

지나가는 나그네는 그 아름다움과
향기에 취해서 한참을 멈추다 갔죠
들풀은 생각했죠

나도 사람들에게 즐거움을 줄 수 있구나
들풀도 들꽃이 피자
삶의 가치를 알게 됐습니다

순수

무척이나 당신을 사랑합니다
당신은 저의 마음을 모르시겠죠
제가 당신을 얼마나 사랑하는지를

사랑은 모든 것을 초월하지요
어떤 이는 돈이 사랑보다 더 좋다고 합니다
사랑은 어떤 것보다 아름답고 순수하죠

한 번 사랑에 빠져 보시면 세상은
핑크빛으로 물들죠
사랑은 눈멀게 하고 귀를 막히게 하고
모든 육감마저도 마비시키죠

세상에 있는 모든 만물을 사랑하세요
한 떨기 잎. 흙 한 줌. 꽃 한 송이 등
기타 모든 것을 사랑하세요

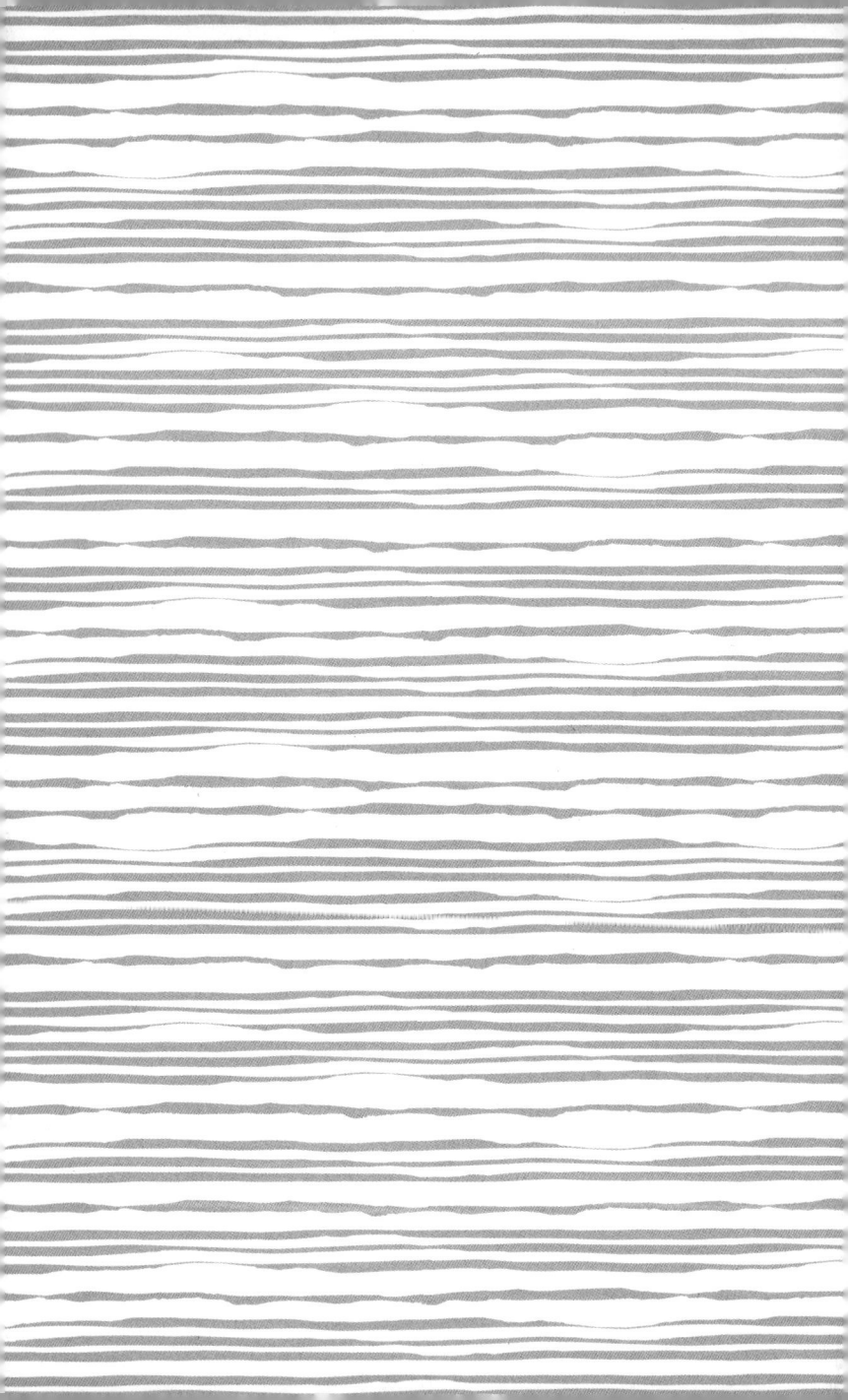

제2부

하늘의 빛이 구름 되어

하나뿐인 삶

누구에게나 하나뿐인 삶을
살아가면서 어떻게 살아야
하는지는 개인의 몫입니다

하나뿐인 삶을 사랑, 희망, 행복으로
가득 채우면 얼마나 좋을까요?

주어진 삶에 행복을 실어서
남에게 주고 다른 남이 또
다른 남에게 주면 릴레이
행복, 희망, 사랑이 됩니다

왜 살아야 합니까?

존재하므로 우리는 존재의 가치에

따라서 행복, 희망, 사랑을 가득 채워서
애드벌룬에 띄워 보내세요

그러면 우리 모두가
사랑, 행복, 희망을
느낄 수 있습니다

눈물이 비석 되어

눈물이 왈칵 쏟아진다
눈물이 흘러서 눈물바다이다
울다보니 부모님 비석에 와 있네
아무것도 해줄 수 없는 지금

비석에 눈물이 흘러서
장맛비가 온 것처럼
비석이 눈물에 흠뻑 젖었다

제가 아이를 낳고 기르면
제 아이도 비석에다가
눈물을 흘릴런지

어머님

어머님 보고 싶습니다

달려가 가고 싶지만

갈 수 없는 이곳

어머님 불러보고 싶었어

종아리 피시고 몰래

우시던 어머니…

89세 어머님에게

폭력 행사한 나는

나쁜 놈…

퇴원하면 잘

해드리겠습니다

목이 길어서 슬픈 짐승

목이 길어서 슬픈 짐승
사슴입니다

사실 저는 목이 길어서
좋습니다

산타클로스 할아버지
썰매를 끄는 것도 저지요

저의 뿔은 녹용으로
쓰여지고 있죠

저는 미스 코리아만큼
예쁘지는 않지만
미세스 코리아만큼은 됐죠

저는 매우 아름답고

마음결은 비단결 같습니다

세례를 위한 글

세례를 받기 위해서 예비자 교리를
6개월 동안 받아야 세례와 세례명을
받을 수 있습니다
세례를 받으면 성체성사를 할 수 있습니다

성체성사

예비자 교리를 마치고 비로소
첫 번째 성체성사를 할 수 있습니다
성체성사를 하면 하느님의 몸을
비로소 먹고 하느님의 아들이 됩니다
세례는 저에게 새로운 저를 만들게 합니다
지금의 제가 아닌 하느님의 아들이 됩니다
세례는 새로운 저를 만들어줍니다
누구나 세례를 받는다고

새로운 자신이 되는 것은 아닙니다
자신의 죄를 사죄 받고
다른 죄를 또는 똑같은 죄를 범하지
않으려는 노력이 필요합니다

우정

어느 때는 사랑보다도 우정이
더 크고 애정스럽습니다
사랑은 사라지면 그만이지만
우정은 결코 죽음이 벌려놓기 전에는
계속적으로 인연을 맺죠

우정이라는 단어 듣기만 해도
마음이 편해집니다

우정은 아마도 마약 같은 존재입니다
아픔이 있어 찾아가면 누워만 있어도
말끔히 치유됩니다

우정은 계속적으로 이어지는 것입니다
죽은 자가 있으면 산 자에게 그의 영혼이
살아있기 때문입니다

독방

제일 무서운 것이 홀로 있는 것입니다
우리는 사회적인 동물입니다
독방에 가면 시간적인 구속. 공간적인 구속
홀로 있어야 하는 제일 무서운 병입니다
누가 홀로 있는 것이 좋다고 합니까?

우리는 함께하고 함께 일하고 함께 즐기는 것이
제일 좋습니다

홀로(독방)가 아닌 우리가 되어야 합니다
모든 것들을 함께하고 이루는 것이 좋습니다
내가 너를 좋아하고
내가 우리를 좋아하고
네가 우리를 좋아하면
나. 너 그리고 우리 모두가 좋아하고
사랑하는 사회입니다

마음의 병

인생은 생로병사라고 합니다
태어나서 생을 살아가다가
병들고 죽어갑니다

태어나는 것이 생이 하느님의 뜻입니다
살아가는 동안 우리는 사랑이라는 매개체
속에서 살아야 합니다

살아가면서 사랑을 주고받습니다
사랑을 많이 주십시오
그럼 더 많은 사랑과 행복이
우리에게 다가옵니다

사실 우리는 아파서 이곳에 왔습니다
술 문제 아니, 우리의 문제 아니,

소외된 문제 때문에 이곳에 왔죠

사실 두렵습니다
알콜 문제는 재발이 잘 되고
마음의 병입니다

하늘의 빛이 구름 되어

하늘의 빛이 왜 푸르겠습니까?
빛과 소금이 우리를 밝게 그리고
썩지 않게 합니다

우리의 창공은 햇빛이 비추면
푸른 빛 없으면 암흑입니다

하늘의 빛이 구름 되는 것은
밝은 하늘 하얀 쪽빛 구름이
뜬 것입니다

하늘나라는 과연 무슨 빛일까?
태양이 없는 지구는
상상할 수 없습니다

정신병동

마음이 아파서 온 정신병동
환자들입니다
모두가 매우 착한 마음을 가진 분입니다
정말 잘못했다면
치료감호소로 들어갔겠죠

그들의 마음은 곱고 맑습니다
간혹 그들의 마음이 아프면
정신병동에 입원시키죠

그들은 밝은 마음 바른 마음이
있습니다
누가 그들보다 착하겠습니까?

사회는 그렇게 보지 않습니다

조현병 환자들이 나쁜 일이
생기면 모든 정신과에 입원하고 있었던
외래 환자마저 먹칠을 합니다
억울합니다
정신환자와 정상인의 범죄 빈도는
정상인이 많습니다
왜 유독 조현병만 이야기합니까!

경희 누나

경희 누나 이름만 반대로 하면
바로 희경입니다
그래서 더 애착이 있습니다

항상 그림자처럼 저를 뒤에서
아껴주시는 점 감사합니다
가끔 하늘을 보면서
별과 달을 보세요
그럼 누나를 지켜주는 별이
누나를 지켜주실 거예요

사랑스런 누나를 보면 한 번쯤
사랑하고 싶은 마음이 듭니다
누가 보아도 예쁜 누나
모든 분에게 사랑 받은 누나는

얄미운 사람입니다

희망, 행복, 행운, 평화, 평온이
가득하시길…

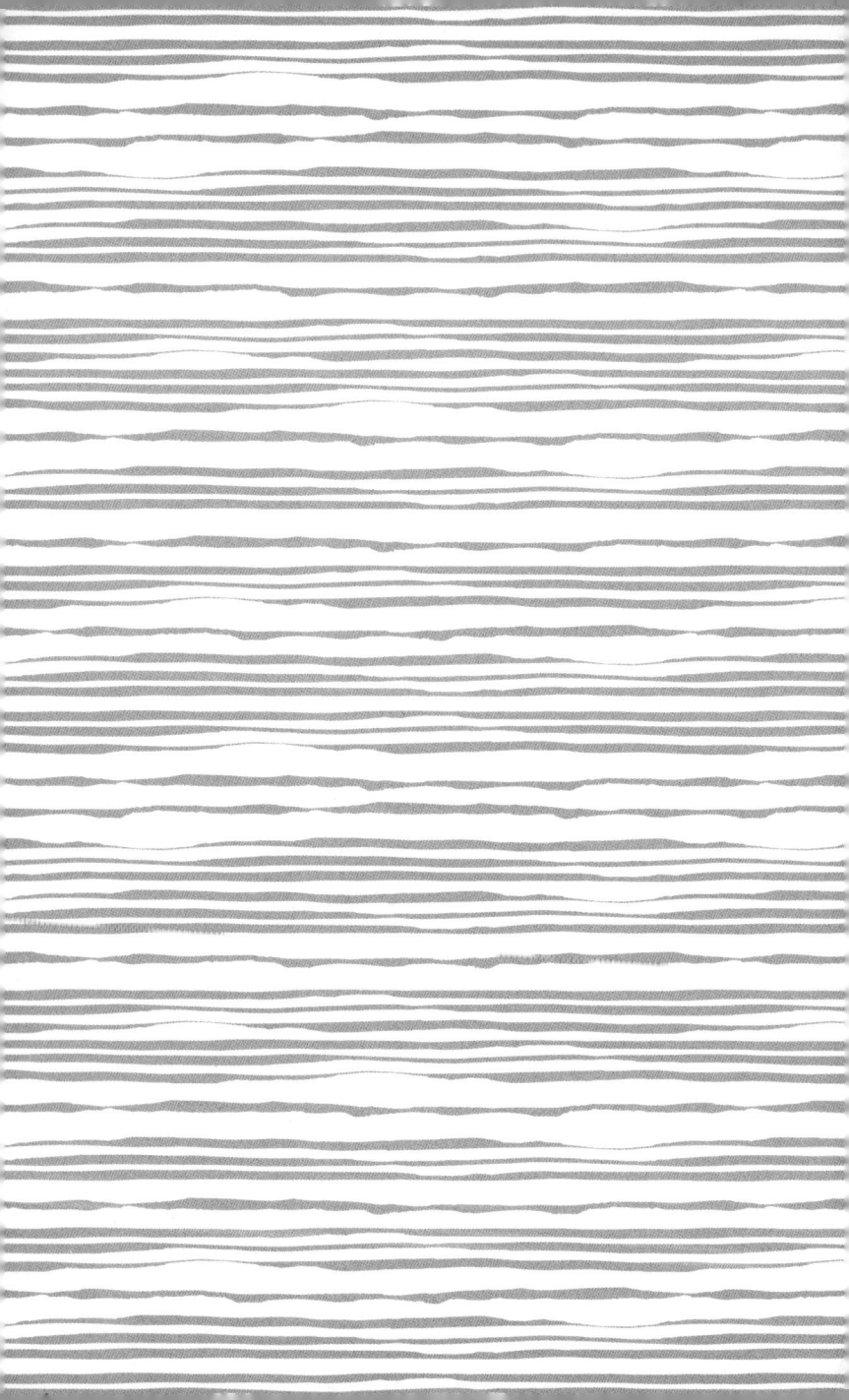

제3부

세상에 뿌려진 사랑만큼

첫사랑

당신은 첫사랑이 언제
왔다 갔는지 아세요
저는 잘 모르겠습니다

첫사랑은 살며시 들어와서
슬그머니 사라지죠

내 첫사랑은 누구일까?
옆집 누나, 어여쁜 여대생
모르겠습니다

저에게도 첫사랑은 있었겠죠
매우 아름다운 사랑이었겠죠

여름

여름은 바캉스의 계절입니다
대부분은 해변가에서 바캉스를 즐기죠
이곳 대천 바다에서 신나는
여름을 보낼 것입니다

그분들은 마음과 몸을 즐기지만
우리들은 정신병동에서 몸과 마음을
수련중입니다

더 좋은 내일을 위해서 재충전하지만
하나는 자유롭게 하나는 시간적, 공간적
규제를 가지고 즐기고 수련할 깃입니디

환우들도 시간만 보내지 마시고 새로운 나
그리고 즐거운 나를 찾아서 매진하세요

열정

살다보니 50이 훌쩍 넘었습니다
한 것이 없어 후회도 되지만…
인생이 그런 것 같습니다

가진 것 없어도 살고
많은 것 없어도 살죠
살아가는 것입니다

존재하고 있다는 것은
모든 것을 새롭게 만들죠

인생은 나이가 아니라
열정이라고 생각합니다

그대 영혼에 아름다움을
꾸며보세요

어머니 사랑

불러보고 싶습니다
얼마 남지 않은 여생에
어머니를 몇 번이나 불러볼까?

만져보고 싶습니다
얼마나 스킨십 할 수 있을까요?

어머니 회초리 드시고
마음이 아파 한 구석에서
우시던 기억이 생생합니다

어머니 제일 사랑합니다
진정으로 사랑합니다
결코 사랑합니다

세상에 뿌려진 사랑만큼

세상은 감탄할 만큼이나 아름답죠
우리는 망각하곤 하죠
세상살이는 고생이라고 생각합니다

세상에 뿌려진 만큼 사랑 받는다고
생각합니다. 아니죠
주는 만큼 사랑 받는 것이 아니라
수많은 사랑을 받습니다

세상에 뿌려진 사랑만큼이나
더 많이 사랑하십시오
사랑할 수 없을 정도로 사랑하면
그만큼 사랑 받을 수 있습니다

사랑하세요. 사랑 받으세요

한 포기 들풀, 한 송이 꽃, 모래 한 줌
기타 모든 것을 사랑하십시오

그녀의 웃음소리

그녀는 자폐증에 걸려서
아주 웃음이 없습니다

자신이 자신 속에 빠져서
다른 분의 배려가 적습니다

그녀의 웃음소리를 나게 하는 것은 오직
개구리 소년의 울음소리에 감탄하는 웃음이
있습니다

마지막 사랑

첫 번째 사랑은 아름답습니다
마지막 사랑은 안타깝습니다
아무것도 모르는 상태에서 하나 둘 셋
하나도 배워서 사랑을
배워가는 것입니다

사랑은 배워가는 것도 되지만
익어가는 것입니다
익어가는 과정에서 의견이 맞지 않아
헤어지는 것은 안 되는 일이지만
간혹 마지막 사랑을 합니다
마지막 사랑이라도 마음이 변해서
아름다운 사랑을 해보세요

프러포즈

그녀를 사랑하는데
그녀 앞에만 서면
떨리고 말이 나오지
않습니다

그녀도 저에게
사랑을 받고 싶었죠
프러포즈를 기다리는 것
같습니다

저도 용기를 내서
프러포즈를 그녀의
마음에 꼭 들게 하고
싶습니다

그녀와 결혼해서

예쁜 아이 많이

낳고 싶습니다

하늘과 땅에는

하늘에는 반짝이는 별이 있듯이
땅에는 아주 아름다운 인연이 있습니다
하늘나라에는 천사가 있습니다
땅에는 예쁜 요정이 있죠
반짝이는 별은 어두움을 비추죠
천사는 땅에서 사랑을 주죠
천사와 별은 바로 저의 사랑입니다
천사는 나에게 희망을 주고
별은 저에게 사랑을 주십니다

첫 키스

그녀와 만난 지 백일 되었다

용기를 내어 키스를 하고 싶다고 했다

그녀도 허락했다

가로등 아래에서 그녀는 눈을 감았다

나는 첫 키스라 어떻게 해야 하는지 모르겠다

내가 첫 키스에 서투르자

그녀가 리드해서 첫 키스를 마쳤다

왜 그렇게 창피한지 모르겠다

그녀는 당당하게 리드했다

다음에는 나도 능숙하게 키스해야겠다

불장난

미혼모가 심각하게 늘어가고 있습니다
미혼모는 어떻게 해야 할지 모르고 있습니다
미혼모 가정도 미혼모를 받아주지
않는 상태입니다
정부에서 지원하는 미혼모보다 더 많은
미혼모들이 있습니다
미혼모를 위탁해서 아이를 키워
주시는 분도 있지만
아직 우리나라는 입양 문제가
잘 되어 있지는 않습니다
불장난으로 책임질 수 없는
미혼모를 향해서 우리는 어떻게
해야 합니까
당신이 생각해보세요

제4부

아버지 죄송합니다

미소

그녀는 나에게 미소를 보냈다
나는 당황스럽지만 미소를
던져주었다

사실 내가 좋아하지 않는 여인이라서
어떻게 해야 하는지 모르겠다

미소라는 무기로 나에게 오면
나는 무방비 상태가 된다

미소를 받아야 할지
아니면 그냥 냉담을 취해야 할지

미묘한 미소 때문에 오늘도
기분은 좋다

예쁜 여자도 많은데 하필 그녀야

여복도 없다

꽃잎

꽃잎 휘날리는 봄이 되면
벚꽃은 환상적이다

벚꽃 아래서 동동주를 한 잔 하면서
꽃잎이 날리면 금상첨화이다

벚꽃에 취해서 세상이 다
아름다워 보인다

동동주를 파전에 한 잔 마시면
진짜로 부족함이 없다

올해 벚꽃은 지나고 내년 벚꽃
휘날릴 때 동동주하고 파전하고
아름다운 여인과 한 잔 마시고 싶다

그대 그리고 나

그대는 저의 희망입니다
빛을 비추는 그대는
저를 사랑으로 감싸주십니다
사랑스런 그대는 저만 사랑하십니다

그런데 제가 가끔 오해를 합니다
저를 싫어해서 저의 삶을 어렵게
하는 것으로 착각합니다

저는 그대를 영원히 사랑할 것입니다
그대는 저를 사랑하고 돌보아주십니다

사랑 뒤편

사랑 뒤편에는
이별이라는
양면의
동전이 있죠

사랑이라는
마약을 주시고
이별이라는
독약을 주니까

이 밤 하얗게
지새우면서
이별을 되새기면
한없이 마음이
아픕니다

낙오자

함께 달렸지만 그러나 저는
낙오자입니다
낙오자라는 것이 슬프지만
받아드리고자 합니다

자꾸만 작아지는 것 같습니다
다시 목표를 정하고 달리고
싶지만 그 목표가 올바른
것인지 진짜로 가야 할
길인지 모르겠습니다

하지만 지금은 쉬고 싶습니다
쉬다보면 어딘가를 향하여
달려야 할지 알겠죠

당신

당신은
저에게 삶의
환희를 주셨습니다

이제는
이별이라는
아픔을 주셔서
정말 하루하루가
힘듭니다

저는 아무것도
아닙니다만
많은 것을
되돌아보게 됩니다

너무너무 아파요

마음은 송두리째

가져가신 님

얄미워요

수호천사

하늘나라에서 예쁜 요정을
지상에 보냈습니다
너무나 예쁜 나머지 그
진가를 아는 사람이 그를
볼 수 있습니다

저에게 예쁜 요정이 보여서
저는 사랑에 빠졌죠
저는 예쁜 요정을 지키는
수호천사가 되었습니다

요정을 너무나 사랑한 수호천사는
모든 것을 망각하게 됐습니다
수호천사는 요정을 지키는 것이지
사랑하는 것이 아니라는 것을

깨닫게 되는 순간 예쁜 요정은

하늘나라로 올라갔죠

아버지 죄송합니다

아버님이 돌아가신 지
십년이 지났습니다
아버님은 저의 방패가
되어주었습니다
저는 조울증에 알콜중독자
입니다
제가 입원할 때는
아버지는 절차만 밟으시고
돌아서서 갔죠
사실은 뒤돌아서서
우는 모습을 저에게
보이지 않도록 하기 위함입니다
만약 천국에 가서 아버지를
만나면 그때는 내세에서
신세진 것 백배천배
갚습니다

여인

제가 원하는 여인이 나타나면
저는 어떻게 해야 합니까
저는 부족한 면이 많고
외톨이입니다

그 여인과 만남은 달콤합니다
그래도 접하는 것이 두렵습니다
또 그녀가 사라지면 이제는 정말
외톨이입니다

님이시여
저에게 아름다운 사랑을
해주세요
진정한 사랑으로 달콤하게
매듭지고 싶습니다
사랑합니다

눈물

내 마음을
송두리째
가셔간 분
얄미워요

마음 가져갈
때는 언제고
떠나시려고
합니까

그래도 당신은
저에게 사랑을
주셨습니다

지금은 이별을

가르쳐 주시니

마음속 깊이

눈물이 나옵니다

이별

부디 헤어지자
너를 내
마음에서
잊는 것은
어렵지만

그래도
둘이
살기 위해서
어쩔 수 없다

나는 너를
의지했고
너는 나를 너무
의지했다

이제는 서로서로

살아야 한다

그것이 우리의

삶이다

세상살이

님이여!
세상살이 몹시 힘드시죠
나와 님은
모든 것을 함께하기에
행복합니다

그대여
세상살이는
살 만합니다

제5부

내가 제일 사랑하는 그녀

당신의 미소

당신을 만나서
정말 행복합니다

만나던 잠깐
당신의 몸짓
당신의 미소가
자꾸만
떠오릅니다

어느 것도 당신은
대신할 수 없기에
이별은 저에게
너무 가혹합니다

내가 제일 사랑하는 그녀

그녀가 헤어지자는 말에
나는 그녀 앞에서 눈물을 흘렸다
나는 창피하지 않았다
내가 제일 좋아하는 그녀와 헤어지라는
것은 나의 모든 것을 가져가고
빈 껍데기뿐이다
제발 다시 돌아오세요
그럼 당신이 원하시는 대로 행할
것입니다
당신과 나는 철사 줄로
묶여 있습니다
이별을 다시 한 번 생각해보세요
내가 제일 사랑하는 그녀

기도와 사랑

엄청나게 사랑해주세요
제가 잘못한 것은 용서해주시고
새로운 나를 만들어주세요
저는 많은 사람의 기도와 사랑을
먹고 살아요
저도 모든 분을 사랑할 것입니다
기쁨으로 세상을 바라보세요
그럼 행복과 사랑, 평온이 생기죠
당신의 영혼은 맑고 깨끗하기에
세상에서 아름다운 빛을
비추고 있습니다

그녀와의 이별

그녀와 헤어진 후
온통 그녀 생각에 빠졌다
그녀의 입술은 아름다운 말만 했고
몸짓은 사랑스럽다

나는 매일 눈물로 보내고 있다
그녀가 다시 와서 나를 안아주었으면
좋겠다

사랑스런 그녀는 내가 얼마나
힘들게 보내는 줄 모를 것이다
그녀도 나 때문에 가슴앓이를
할지 모른다

그녀와 나는 이별이라는

것을 받아드려야 한다

새로운 만남을 위해서

영혼

당신은 아름다운 분이십니다
그것을 부인. 부정해도 소용없습니다
지금 좌절하고 우울한 것은 걷어내야
할 장막입니다

장막을 걷어내기 위해서는 자신의
영혼을 믿어보세요
자신의 영혼은 크고 순수하기에
모든 것을 이길 수 있습니다
당신은

주님

사랑하는 주님이시여
저는 주님의 뜻대로 살고자 합니다
그런데 주님의 뜻이 아닌
저의 고집대로 살아갑니다

사모하는 주님
저의 모든 나쁜 점을 없애시고
사랑이 풍요롭고 싶습니다
주님에게는 엄청난 에너지가
있습니다
저에게 매우 작은 영혼을
가지고 있습니다

사랑하는 주님
저를 살려주세요

저의 방패와 빛이 되어

인도하소서

생명이 존재하는 한 저는

주님을 사랑할 것입니다

눈꽃

겨울철에 예쁘게 나무에
핀 눈꽃이여
눈꽃은 너무나 추울 것이다
그래도 예쁜 눈꽃은 예쁜 자태를
우리에게 보여준다
눈꽃에 눈이 날리며 환상적인
세상으로 돌변한다
눈꽃이 사르르 녹으면 조금씩
원래 눈꽃나무로 돌아온다
눈꽃이 사라진 봄이다
내년의 눈꽃을 많이 기다린다

바람처럼 사라진 그녀

저는 정말로 누군가를 사모했습니다

바람처럼 사라진 그녀

그녀를 보고 싶어도 목소리를

듣고 싶어도 들을 수 없는 그녀

제가 무슨 잘못이 있습니까

저는 사랑한 죄뿐입니다

바람둥이 그녀는 많은 남자를

만날 수 있습니다

그런데 절실한 사랑은

저뿐입니다

그녀가 다시 저에게 오면

저는 무조건 안아줄 것입니다

바람처럼 왔다가 바람처럼

사라지는 그녀는 정말 밉습니다

자기 연민

일어나서 다른 사람처럼 달려
보기도 했지만 고작 나의 자리는
꼴등이었다
꼴등이라는 것이 창피하지만
받아드리고 살고 있다
자꾸만 자기 연민만 하고
추락하는 것이
내 모습이다

다시 정신과 입원이다
먹고 자기를 반복한다
또다시 일어나서 모교를 향해
달릴 것이다
이번 입원이 전환점이 되도록 하고
달릴 것이다

알콜중독자

술을 마시면 계속 먹게 된다
술이란 놈은 나를 타락시킨다
술은 마시면 파도가 밀물처럼
다가와서 썰물처럼 빠진다

밀물처럼 술이란 놈이 밀려오면
감정이 밀물처럼 밀려온다
숙취 상태에서 몸에서
술이 빠지면 마치 모든 것이 빠지고
나의 치부를 보는 듯하다

그래서 술을 계속 마시게 된다
만취에서 또다시 만취 상태가 된다
결국은 정신과 입원이다
술이란 놈은 유전적인 면도 있다

알콜중독자에게 의지가 부족하다고
말씀들 한다
알콜중독자는 의지로는 고치는
병이 아니다
술을 잠시 마시지 않을 뿐이다

꿈

꿈나라 공주님이 저에게
반갑게 오셨습니다
잠만 자면 반드시 꿈나라
공주님이 저에게 옵니다
저는 정말로 꿈나라 공주님을
사모합니다
그러나 공주님은 저를
좋아하지 않습니다
사실 저는 이 세상에
외톨이입니다
꿈나라 공주님은 많은 사람들과
사교를 합니다
공주님은 저에게 세상과 어울려서
당당하게 살아가라고 합니다
저는 아무것도 없는 외톨이
알콜중독자입니다

사랑과 이별

사랑과 이별은 이중성이 있다
앞면과 뒷면이다
사랑이 있으면 꼭 이별이 있다
이별도 마찬가지로 살아도 그렇다
사랑하다가 이별해도
시간이 해결해준다
사랑하다가 이별하는 것은
잠시 독감에 걸렸다가 낫는 것이다
이별해도 아파만 하지 말고
다른 사랑을 향하여 달려보자

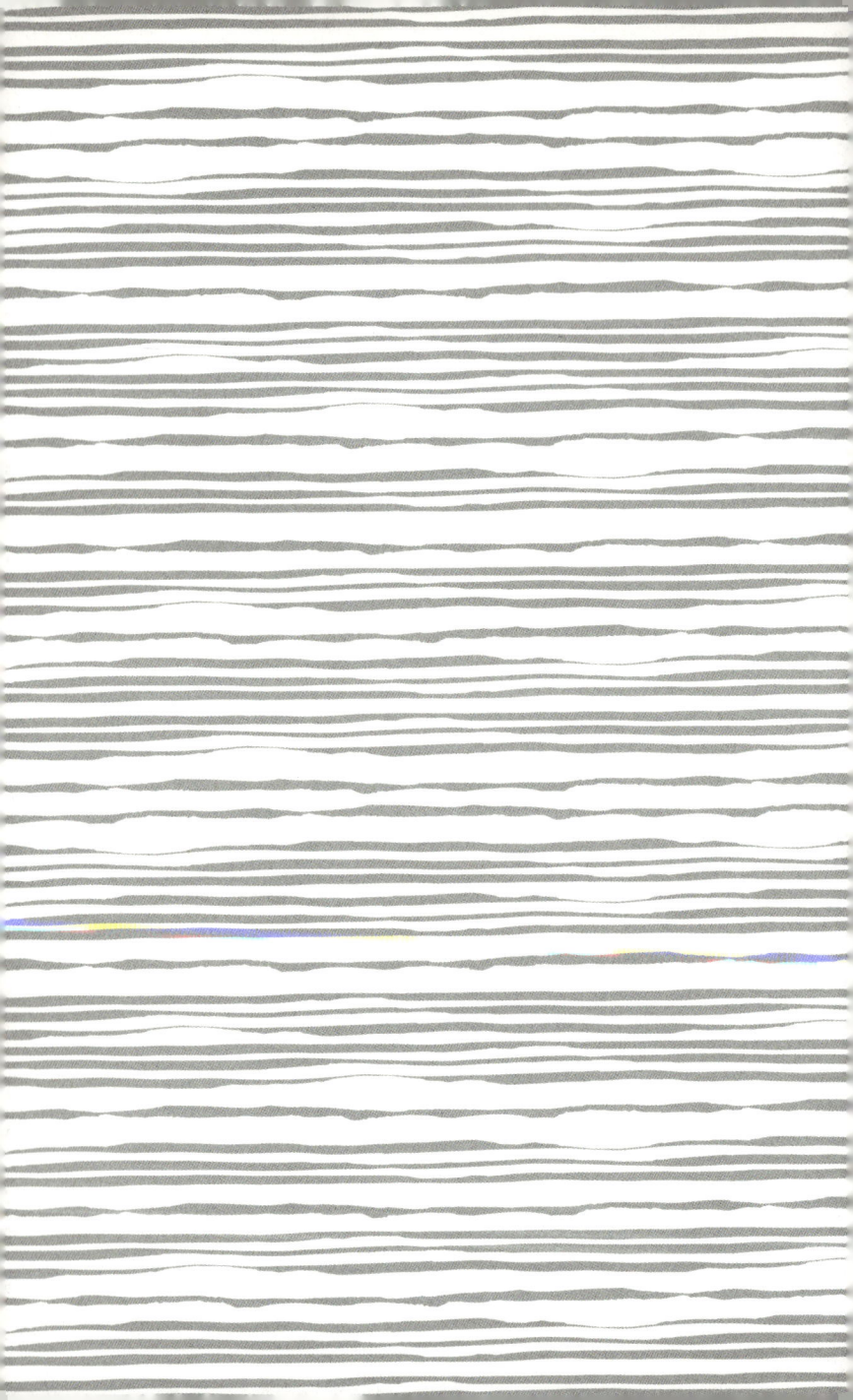

제6부

행복 바이러스

부메랑

혹시 사랑을 주지 않고 받으려만
한 것 아닙니까?
진정한 사랑은 주고받는 것입니다
어떤 분은 사랑을 적게 받는다고
짜증을 부리죠
그러나 진정한. 더욱더 많은
사랑을 하는 것입니다
모든 것을 주는 사랑은 아름답습니다
사랑합니다
모든 것을 주는 사랑을 하세요
그럼 더 많은 사랑이 부메랑처럼
돌아옵니다
예쁜 사랑하세요

행복 바이러스

행복 바이러스 전염 주의보가

세상 모든 곳에 전파되고 있습니다

행복 바이러스에 걸리면

마냥 웃기만 하죠

한 사람이 웃으면 그 옆 사람

그 옆 사람이 웃게 되죠

옛날에는 호랑이보다 무서운 건 곶감이었지만

지금은 행복 바이러스입니다

큰일입니다

아무것도 할 수 없이 웃는 세상

제발 그런 세상이 올 것을

기다리면서…

친구야

친구야!

고맙다 내 옆에서 지켜주는 너

아프고 슬픔도 함께했지

친구야!

네가 있는 것만 해도

나는 기쁘다

너는 나의 마음 알기에

친구야!

힘들 때 흔쾌히 옆구리를

빌려주어서 울 수 있었지

친구야!

누구 먼저 죽어도

깊은 우정 변치 말자

거짓말

지금껏 사랑했다는 것은
다 거짓말입니까?
당신과 함께했던 모든 것은
물거품입니까?
제발 그냥 그전처럼 사랑해
주시면 안 됩니까?
가시려면 저의 모든 기억들
사라지게 하여 주세요

의심

사랑합니다

저는 사랑합니다

당신도 사랑합니다

사랑은 모든 것을 활짝 핀

벚꽃입니다

사랑하면서 의심하지 마세요

의심은 사랑을 갉아 먹습니다

사랑은 모든 것을 채워줍니다

부족하시면 빈 공간을

사랑, 행복으로 가득 채우세요

외톨이

나는 외톨이입니다
새로운 외톨이를 만나서 행복합니다
두 손 꼭 잡고 세상을 살아갈 수 있습니다
외톨이가 아니고 우리는 한 쌍이 되었습니다
세상살이는 힘들고 어렵다고 해도 우리는
그것을 이겨낼 수 있습니다
행복이 내 마음에 가득합니다
행복이 사라지지 않게 외톨이 그녀와
나는 예쁜 사랑을 할 것입니다

사랑하는 마음

그녀를 사랑하고
싶습니다
왜냐하면 난 지금
사랑에 가득 빠져
있습니다

사랑하는 마음은
하늘나라에서 온
천사이기에
사랑스럽습니다

그녀가 세상에
존재한다는 사실이
저를
한없이 기쁘게

만듭니다

그녀가 갑자기
사라지면 저는
이 세상에서
살 수 없습니다

그녀가 저의 전부이기
때문입니다

흑기사

당신은 세상에 없는
여인입니다
하늘나라에서 내려온
천사이기 때문입니다

세상에 당신이 없다면
나는 존재할
가치가 없습니다
저는 천사를 지키는
흑기사이기 때문입니다

당신이 아파하지
않았으면 좋겠어요
아프면 저는 억장이
무너지죠

당신에게는 정말 좋은

일만 많이 생겼으면

좋겠습니다

쌍둥이

사랑은
무엇인가
채워주기
때문입니다

이별은 아프죠
하지만
성숙해집니다

우리는 항상
채우려고 합니다
채울 공간도
없으면서요

어쩌다

사랑과 이별은

쌍둥이입니다